© 2014 Esslinger Verlag J. F. Schreiber
Postfach 10 03 25, 73703 Esslingen
www.esslinger-verlag.de
Alle Rechte vorbehalten
ISBN 978-3-480-23138-6

Piraten Geschichten

Vorlesespaß für tollkühne Seeräuber

ess!inger

Inhaltsverzeichnis

Wir zeigen's den Piraten!
.... 8

Bo Piratenfloh
.... 17

Die richtige Flagge
.... 23

Nächtliche Flucht
.... 30

Eine ungeheuerliche Begegnung
.... 37

Der verschwundene Schatz
.... 44

Maja am Ruder
.... 50

Alles hört auf mein Kommando!
.... 57

Was für ein Zirkus!
.... 63

Wir zeigen's den Piraten!

„Papa, warte! Ich will mitkommen!" Leon rennt zum Boot, das sein Vater, der Fischer Henry, wie jeden Morgen zum Wasser geschoben hat.

„Hast du dir das gut überlegt, Junge?", ruft Henry. „Es könnte ein langweiliger Tag werden, wenn wir nichts fangen."

Leon zuckt mit den Schultern. „Das macht nichts, Papa. Aber ich will dabei sein, wenn du dich bei den Piraten bewirbst!"

Henry seufzt. Seit Wochen kreuzt das Schiff von Gerhard Hakenhand vor der Küste. Henry hat alle Häfen abgeklappert, um herauszufinden, in welcher Spelunke die Piraten sich tref-fen, aber keiner konnte oder wollte es ihm sagen. Dabei möchte er unbedingt auch Pirat werden. Seit Jahren träumt er davon, und jetzt, endlich, ist ein waschechter Pirat zum Greifen nah. Na ja, fast.

„Ich weiß genau, dass du nur rausfährst, um die Piraten zu finden", sagt Leon.

Henry kratzt sich am Kopf. „Ich suche gar nicht *nur* die Piraten. Ich fische sehr wohl, oder was denkst du, wo unser Abendessen immer herkommt? Ich … ich verbinde die Suche mit meiner Arbeit, das ist alles."

„Dann helfe ich dir eben bei der Arbeit und bei der Suche", sagt Leon.

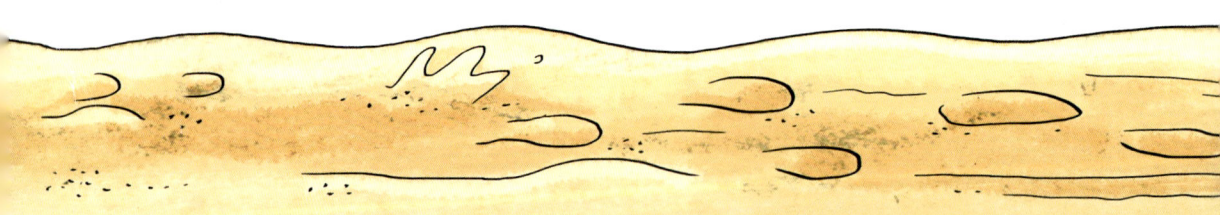

„Na gut", seufzt Henry. „Wahrscheinlich treffen wir sie sowieso nicht. Bisher habe ich nur einmal das Schiff weit draußen am Horizont gesehen."

Sie schieben das Boot in die Brandung, Henry hebt Leon hinein und klettert selbst an Bord. Heute rudern sie weit aus der Bucht heraus. Während Henry das Netz ausbringt, macht Leon die Angelrute bereit. Als die Leine im Wasser ist, halten sie Ausschau. Aber so sehr sie auch schauen, weit und breit ist kein Schiff in Sicht.

Die Sonne brennt und blendet. Leon blinzelt, er gähnt, reibt sich die Augen – und macht sie schließlich zu. Die Piratensuche hat er sich spannender vorgestellt. Er ist fast eingeschlafen, als sich fremde Geräusche in das leise Schwappen der Wellen mischen. Ein Knarren und Klatschen, ein Rauschen und Quietschen. Dann ein Knall!

Leon fährt hoch und sieht gerade noch eine Kanonenkugel ein Stück neben ihrem Boot ins Wasser

platschen. Sein Vater steht wie festgenagelt da und starrt
auf das riesige Schiff, das genau auf sie zurast.
„Mach was!", schreit Leon, aber
Henry reagiert gar nicht. Na toll!
So wird er nie ein Pirat! Leon klettert
auf die Ruderbank, legt die Hände an den
Mund und ruft, so laut er kann: „He! Halloooo!
Wir wollen auch Piraten werden!"
Die Piraten, die an der Reling stehen, sehen sich an.
„Was hast du gesagt?", schreit einer zurück.
„Wir – wollen – Piraten – werden!", brüllt Leon.
Die Piraten lachen los, als hätten sie gerade einen guten Witz
gehört.
„Was sollen wir denn mit zwei harmlosen Fischerlein wie
euch?" Krachend rammt das Piratenschiff das Fischerboot und
wirft es zur Seite.
Leon und Henry fliegen im hohen Bogen ins Wasser.
Vom Deck des Piratenschiffs weht Gelächter herunter.
Prustend und spuckend paddelt Leon auf das kieloben
treibende Fischerboot zu.
„Wartet nur, wartet!", brüllt er dem Schiff hinterher.
Die Piraten johlen vor Lachen. „Oh, da fürchten wir uns
aber!", ruft ein Kerl mit schwarzem Bart und Augenklappe,

der sich über die Reling beugt.
Seine Kumpane grölen und klatschen,
während das Piratenschiff am Horizont
verschwindet.

Am nächsten Morgen macht Henry wie immer das Boot bereit.

„Papa, warte!" Leon rennt über den Sand. Schwer beladen.

Henry starrt auf die großen Eimer, in denen sich Kokosnüsse und Eier türmen.

„Ist das unser Mittagessen?"

Leon schnaubt nur. „In der Tasche hab ich noch Steine."

Sie rudern aus der Bucht. Leon knüpft sein langes Halstuch ab und legt es in den Bug. Daneben, ordentlich aufgereiht, Kokosnüsse, Steine und Eier.

„Meinst du, das hilft gegen Kanonenkugeln?" Henry kratzt sich am Kopf.

Leon grinst. „Wenn die Piraten kommen, ruderst du. Und zwar in die Richtung, die ich sage. Die werden uns nicht mehr ärgern …"

Gemeinsam beobachten sie die Umgebung. „Da sind sie!" Henry deutet aufs offene Meer.

Leon hat aus dem Halstuch eine Schleuder geformt. Er legt ein Ei hinein. „Fahr auf sie zu", sagt er.

„Auf sie zu??" Henry starrt ihn an. „Aber …"

„Bitte, Papa."

Henry taucht die Ruder ins Wasser, das Boot nimmt Fahrt auf. Leon steht im

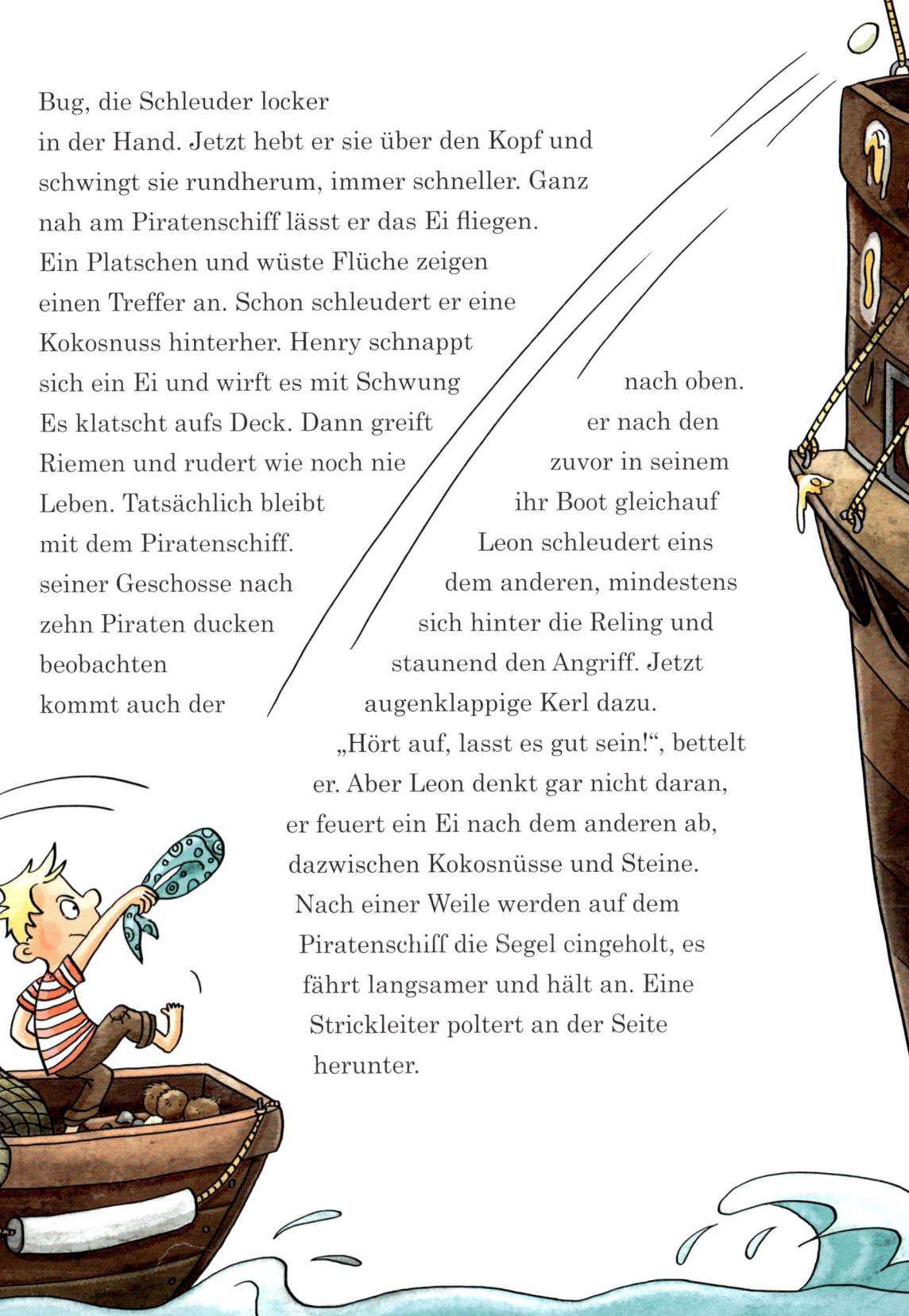

Bug, die Schleuder locker in der Hand. Jetzt hebt er sie über den Kopf und schwingt sie rundherum, immer schneller. Ganz nah am Piratenschiff lässt er das Ei fliegen. Ein Platschen und wüste Flüche zeigen einen Treffer an. Schon schleudert er eine Kokosnuss hinterher. Henry schnappt sich ein Ei und wirft es mit Schwung nach oben. Es klatscht aufs Deck. Dann greift er nach den Riemen und rudert wie noch nie zuvor in seinem Leben. Tatsächlich bleibt ihr Boot gleichauf mit dem Piratenschiff. Leon schleudert eins seiner Geschosse nach dem anderen, mindestens zehn Piraten ducken sich hinter die Reling und beobachten staunend den Angriff. Jetzt kommt auch der augenklappige Kerl dazu.

„Hört auf, lasst es gut sein!", bettelt er. Aber Leon denkt gar nicht daran, er feuert ein Ei nach dem anderen ab, dazwischen Kokosnüsse und Steine. Nach einer Weile werden auf dem Piratenschiff die Segel eingeholt, es fährt langsamer und hält an. Eine Strickleiter poltert an der Seite herunter.

„Kommt ihr bitte mal an Deck?" Der Augenklappige ist plötzlich so freundlich. Eierschleim tropft von seinem Hut. Henry und Leon sehen sich an. Sollen sie? Dann greift Henry nach der Strickleiter und klettert voran.

Die komplette Mannschaft hat sich an Deck versammelt. Überall sieht man die Spuren von Leons Angriff. Hoffentlich müssen sie nicht putzen!

„Äh, ja ... also", stottert der Augenklappige. Ist das etwa Gerhard Hakenhand? Den hatte Leon sich ganz anders vorgestellt.

„Ja, was ist denn? Du musst dich ein bisschen beeilen, wir müssen nämlich noch Fische fangen." Leon guckt sich um. Zum Glück hört er sich mutiger an als er ist.

Gerhard Hakenhand räuspert sich. „Also, wir wollten euch fragen, ob ihr vielleicht bei uns anheuern wollt. Tapfere Kerle wie euch können wir immer gebrauchen."

Leon sieht Henry an.

Henry sieht Leon an. Und schüttelt den Kopf, ganz leicht.

„Wir bleiben lieber, was wir sind. Und wenn wir doch mal Piraten sein wollen, machen wir das selber, mit unserem Schiff. Aber vielen Dank für das Angebot." Er nickt Gerhard Hakenhand zu, nimmt Leon an der Hand und geht zurück zur Strickleiter.

Die Piraten lassen sie ohne Widerspruch ziehen.

Als sie wieder in ihrem Boot sitzen und vom Piratenschiff wegrudern, legt Leon seine Hand auf Henrys Arm. „Bist du jetzt traurig? Du wolltest doch Pirat werden."

Henry schüttelt den Kopf und lacht. „Oh, ich werde Pirat! Aber ich will mein eigener Kapitän sein. Und meine Mannschaft besteht aus genau einem tapferen Mann. Zu Hause nähen wir uns gleich eine Flagge. Und in kürzester Zeit werden wir an der ganzen Küste berühmt sein: die Fischerpiraten mit den Kokoskugeln und Eierbomben."

Wie wurde man Pirat?

Die Mannschaft eines Piratenschiffs war meist bunt gemischt. Es waren Männer aus verschiedenen Ländern und mit unterschiedlichen Berufen: Seemänner, entlaufene Sklaven oder Verbrecher, die an Land gesucht wurden. Die Besatzungen gekaperter Schiffe wechselten oft die Seite und schlossen sich den Piraten an. Manche Männer wurden Piraten, weil sie kein Geld hatten, andere, weil sie das Abenteuer suchten. Und immer wieder landete jemand unfreiwillig auf einem Piratenschiff, besonders ausgebildete Seeleute, denn die wurden dringend gebraucht und bewarben sich nicht so häufig, also wurden sie verschleppt. Das nannte man „schanghaien".

Bo Piratenfloh

„Alle auf Felix! Wir schicken ihn über die Planke!" Wild johlend stürmen die Geburtstagsgäste durch das Museum. Felix rast durch die Waffenkammer. Kein Versteck zu sehen. Weiter! Kleiderzimmer. Schaufensterpuppen mit alten, vergilbten Klamotten. Seine Verfolger kommen näher. Wohin bloß? Felix guckt sich um. In der Ecke steht eine große Truhe. Ist das eine Schatzkiste? Der Deckel geht auf, Glück gehabt! Felix klettert hinein, mit einem Knall fällt der Deckel zu. Dunkel! Eng ist es und ungemütlich und es riecht muffig. Aber himmlisch ruhig ist es auch.

Warum nur hat er sich überreden lassen, wieder zu Rubens Geburtstagfeier zu gehen? Der ärgert ihn doch immer nur. Trotzdem muss er jedes Jahr zu der Feier, und, schlimmer noch, Ruben auch zu seinem Geburtstag einladen, weil ihre Mütter befreundet sind. Dieses Jahr hatte er sich sogar ein bisschen gefreut, schließlich ist ein Piratengeburtstag toll. Nur wusste er da noch nicht, dass Ruben und seine Freunde die wilden Piraten sind und er ihr Gegner. Felix atmet zittrig ein. Wenn er jetzt heulen muss, sieht ihn wenigstens keiner. Er zieht die Nase hoch und wischt sich mit dem Ärmel über die Augen. Leider kann er wohl nicht ewig hier drinbleiben.

Außerdem riecht es wirklich nicht gut und sein rechter Fuß ist schon eingeschlafen.

Felix stemmt die Hände gegen den Deckel, nichts passiert. Er drückt fester. Der Deckel rührt sich nicht. Was ist besser? Von Ruben und den anderen schikaniert werden, oder in der Truhe langsam verdursten und verhungern?

„Hallo? Holt mich raus!" Felix brüllt, so laut er kann. Antwort kommt keine. Er ballt die Hände und hämmert gegen das Holz. „Hilfe! Ich bin hier eingesperrt! Hi… Autsch!"

Was war das? Etwas hat ihn ins Bein gezwickt, ganz fest. Ein Nagel? Ein Holzsplitter? Felix tastet sein Bein und den Boden der Truhe ab. Da ist nichts. Aber es sticht schon wieder! Dann flucht jemand los: „Pfui Seegurke! Was ist das denn Widerliches? Piratenblut jedenfalls nicht. Keine Spur von Rum. Und es schmeckt so … gesund! Iiih bäh!"

Felix hüpft hoch und knallt mit dem Kopf gegen den Truhendeckel. „Aua!"
Die Stimme hat er sich bestimmt eingebildet. Wer soll denn hier drin sprechen? Jetzt sind nur noch leise Würge- und Spuckgeräusche zu hören.
„Hallo? Ist da jemand?", krächzt Felix.
„Ja, hier ist jemand", kommt die Antwort aus der Dunkelheit. „Ich."
Felix merkt, wie sich eine Gänsehaut auf seinen Armen ausbreitet. Das hat er sich nicht nur eingebildet, oder? Aber was ist das? Sitzt er etwa mit dem Geist eines Piraten in der Truhe?
„Bist ... bist du ein Gespenst?"
„Falsch! Total falsch!", kichert die Stimme. Wer oder was auch immer das ist, ihm scheint diese Unterhaltung eine Menge Spaß zu machen.
„Wer bist du?", fragt Felix.
„Gestatten, ich bin Bo, der Floh."
„Ein Floh?" Felix kratzt sich am Bein. „Hast du mich etwa gebissen?"
„Naja, ich hatte ziemlichen Kohldampf, sei nicht sauer. Aber irgendwie schmeckst du nicht. Bist du kein Pirat?"
„Nein, ich bin kein Pirat. Ich bin ein Junge."
„Deshalb kannst du doch trotzdem Pirat sein. Was willst du bei uns an Bord?"
„An Bord? Äh ... Das hier ist kein Schiff", sagt Felix. „Wir sind in einem Museum."

Der Floh stößt einen kleinen Schrei aus. „Kein Schiff? Oh! Deshalb ist kein Seegang mehr zu spüren. Aber wo ist Goldnasen-Jack?"

„Goldnasen-Jack? Äh ... weg. Schon lange."

„Oh nein, oh nein", murmelt Bo. Dann heult er los. Wie eine Sirene hallt es durch die Truhe.

Felix seufzt. Nicht genug, dass er eingeschlossen ist. Er ist mit einem uralten, hungrigen, heulenden Piratenfloh eingesperrt!

„Was war denn früher hier drin?" Felix klopft gegen das Holz. „Schätze?"

Es scheint zu funktionieren. Bo kichert. „Von wegen. Kleider von Goldnasen-Jack. Nicht viele. Und sie waren auch nie wirklich sauber. Aber sooo gemütlich stinkig!"

Der Floh fängt wieder an zu schniefen. „Aber jetzt sind alle weg und ich bin allein und muss verhungern!"
Stimmt ja gar nicht! Allein ist Bo jetzt nicht mehr. „Mit nach Hause kann ich dich zwar nicht nehmen", sagt Felix, „aber raus aus der Truhe, das geht." Er stellt sich vor, wie er Bo auf Rubens Schulter absetzt und grinst.
„Du bist eh viel zu sauber und schmeckst nicht nach Rum, du Landratte. Pfui Seegurke!", motzt Bo.
Da hat Felix eine Idee. Onkel Klaus! Der wohnt am See, fährt oft mit seinem Segelboot raus und trinkt gern Bier. Und er hat einen Hund. Auf dem könnte Bo doch wohnen.
Als Felix ihm von seinem Plan erzählt, beruhigt Bo sich.
„Danke! Kann ich dir auch irgendwie helfen?"
„Oh ja, du kannst mir einen Gefallen tun", sagt Felix.
Gemeinsam brüllen sie laut genug, dass der Museumswärter die Truhe öffnet. Mama schimpft, aber nur ein bisschen. Und Ruben lacht ihn aus. Aber nicht lange. Bevor er sich neue Felix-ärger-Spiele ausdenken kann, muss er sich plötzlich furchtbar kratzen.
Endlich kann Felix in Ruhe seinen Kuchen essen. Und dicht neben seinem Ohr kichert Bo, der Piratenfloh.

Wie waren die Piraten angezogen?

Piraten unterschieden sich in ihrer Kleidung nicht von anderen Seeleuten ihrer Zeit. An Bord waren sie meist barfuß unterwegs, trugen, hauptsächlich der Sonne wegen, eine Kopfbedeckung (Dreispitz, Kopftuch oder ähnliches) und waren bekleidet mit einfachen Leinenhemden und Hosen aus Segeltuch, je nach Witterung auch mit Jacke oder Mantel. Um die Sachen wasserabweisend zu machen, wurden sie teilweise mit Pech überzogen. Sobald sich bei der Beute Kleidung befand, wurde sie unter den Mannschaft verteilt, sodass die Piraten manchmal auch vornehme Kleidungsstücke wie Seidenhemden oder Samtjacken trugen.

Die richtige Flagge

„Schnell, schnell, holt die Flaggen rein!"
Zia, die alte Schneiderin, humpelt auf ihren Stock gestützt durch die Werkstatt, wickelt hier einen Faden auf, sortiert da die Stoffe. Heute ist Zahltag und gleich werden die gefürchtetsten Piraten der Karibik ihre bestellten Flaggen abholen.
Zias Gehilfen sausen hin und her, plätten die letzten Fahnen, entfernen vergessene Stecknadeln und sortieren die ordentlich gefalteten Flaggen auf einem Tisch.
„Wer kommt zuerst?", fragt Lorenz.
Zia blättert in ihrer Liste. „Der alte Hakenhand."
Schon scheppert die Glocke über der Ladentür und der alte Pirat kommt herein. Lorenz sucht die richtige Flagge heraus.

„Guten Tag, Käpt'n Hakenhand. Deine Bestellung ist ausgeführt wie gewünscht. Das macht drei Goldstücke", sagt Zia.

„Erst will ich die Flagge sehen", knurrt Hakenhand.
Lorenz faltet sie vorsichtig auseinander und breitet sie vor dem Piraten aus.

Hakenhand betrachtet die schwarze Fahne, auf der ein Skelett säbelschwingend auf einem Knochen tanzt, und nickt. „Gute Arbeit, Zia, wie immer. Den Lohn hast du dir verdient."
Er lässt die drei Goldstücke in Zias Hand gleiten, nimmt die Fahne und verlässt den Laden.

Kaum ist die Tür ins Schloss gefallen, wird sie wieder aufgerissen und der junge Kapitän Hubertus Gernegroß stolpert herein. „Ist meine Fahne fertig?"
„Langsam, junger Herr", sagt Zia lächelnd und blättert in ihrer Liste. „Rote Fahne, weiße Kanone, schwarze Messer?" Hubertus nickt.
„Ist erledigt", sagt Zia und Lorenz bringt das Bestellte.
Den ganzen Vormittag geben sie frisch genähte Flaggen aus. Alle Piraten sind zufrieden.
Am Ende ist nur noch eine einzige Fahne übrig.
„Nanu? Hat jemand den Zahltag vergessen?" Lorenz faltet die Flagge auseinander. „Schwarze Fahne, gekreuzte Knochen, weißer Totenkopf."
Zia runzelt die Stirn. „Wer hat das nochmal bestellt?" Sie guckt in die Liste und kratzt sich am Kopf. „Ach, jetzt weiß ich es wieder. Nun, das könnte beim Abholen Probleme geben …"
„Wieso?", fragt Lorenz. Immerhin ist Zia die beste Flaggenschneiderin weit und breit, er kann sich an keinen einzigen unzufriedenen Kunden erinnern.
„Das ist die neue Fahne für Rick", sagt Zia. „Für sein neues Schiff, die *Grüne Nixe*."
„Er hat schon ein neues Schiff? Klasse! Aber wo ist das Problem?"
Zia verdreht die Augen. „Naja, er wollte hellblauen Himmel, dunkelblaues Wasser, gelbe Sonnenstrahlen und eine grüne Meerjungfrau."
„Nicht unbedingt typisch für Piraten, aber schön", sagt Lorenz.

Zia seufzt. „Erstens haben wir keinen grünen Stoff, und Blau ist auch fast verbraucht. Und zweitens: Über Rick lachen doch eh schon alle, weil er viel zu nett für einen Piraten ist. Wenn das so weitergeht, wird er bestimmt nicht mehr lange Kapitän sein. Und wer sorgt dann für unsere Familie? Ich dachte mir, er könnte eine richtig schreckliche Fahne gebrauchen. Eine, die allen Angst macht."

Die Tür öffnet sich und Rick spaziert herein. „Einen wunderschönen Tag wünsche ich, Mama Zia. Wie ist das werte Befinden?" Er reicht Zia einen Blumenstrauß.
Zia verdreht die Augen. „Alles bestens. Aber du bist immer noch zu höflich. Benimm dich doch mal wie ein richtiger Pirat."
„Tu ich das nicht?" Rick sieht sie erschrocken an.
Zia schüttelt den Kopf. „Nein, du bist viel zu nett. Wie viele Schiffe hast du letzte Woche geentert?"
Rick lässt den Kopf hängen. „Eins. Aber nur, weil die Besatzung betrunken war."

„Besser als nichts." Zia holt die Flagge. „Deine neue Fahne sieht ein bisschen anders aus als gewünscht", sagt sie. „Aber es ist eine perfekte Piratenflagge."
Sie breitet das schwarze Tuch mit dem Totenkopf aus. Rick wird blass. „Aber … aber … das ist ja furchtbar gruselig!"
„So soll es sein", sagt Zia zufrieden. „Dann haben hoffentlich alle Angst vor dir."
„Hmmm." Rick weiß nicht so recht. „Vielleicht sollte ich dann auch mein Schiff umbenennen? Was denkst du? *Schwarze Nixe?*"

„Das kannst du machen, wie du willst", sagt Zia. „Hauptsache, du benimmst dich wie ein richtiger Pirat! Fang am besten damit an, dass du dich nicht bedankst und auf keinen Fall mehr bezahlst, als ich verlange."

„Okay." Rick nickt. „Dann brauche ich nach der anderen Bestellung wohl gar nicht zu fragen …"

Zia lächelt. „Doch. Sie ist fertig." Unterm Tisch zieht sie zwei Paar wuschelige Wollsocken heraus. „Ich will ja nicht, dass du frieren musst. Aber zieh sie nur an, wenn du allein in deiner Kajüte bist, verstanden? Sonst wirst du zum Gespött der Mannschaft."

Rick nickt wieder. „Ist gut. Da… Äh … Dann bis demnächst."

„Bis zum nächsten Mal, mein Junge. Äh … Käpt'n Rick."

Zia winkt ihm hinterher. Dann lässt sie sich auf ihren Hocker sinken. „Piraten-Mama zu sein ist gar nicht so leicht."

„Aber du machst das gut", sagt Lorenz. „Vielleicht solltest du mit Rick rausfahren?"

Zia lacht. „Ja, vielleicht mache ich das eines Tages. Aber erst muss ich alle Schiffe mit neuen Fahnen versorgen. Und aufpassen, dass niemand eine schrecklichere Flagge bekommt als mein Sohn."

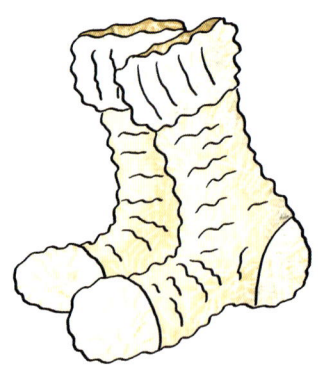

Wie sahen Piratenflaggen aus?

Die Piratenflagge wurde immer erst kurz vorm Angriff gehisst, damit der Gegner nicht flüchtete. Sie sollte die Feinde einschüchtern und ihnen zeigen, dass die Piraten keine Angst vorm Tod hatten und zum Kampf bereit waren. Manche Gegner ergaben sich kampflos, wenn sie die Flagge sahen.

Am Anfang waren die Flaggen blutrot, später dann schwarz mit unterschiedlichen Motiven wie Totenkopf, Skelett und Knochen als Zeichen für den Tod und Entermesser, Säbel oder anderen Waffen, um den Feinden Angst zu machen.

Jeder Piratenkapitän gestaltete seine eigene Flagge, die heute bekannte schwarze Flagge mit einem Totenkopf über gekreuzten Knochen war früher nur eine von vielen.

Nächtliche Flucht

Bumm. Padabumm. Padumm.
Mark reibt sich die Augen. Spaziert da jemand mit Holzbein an Deck herum?

Aber die Männer schnarchen alle in ihren Hängematten. Mark liegt im Dunkeln und lauscht.
Stille. Da ist es wieder: bumm, padabumm, padumm. Tobt der Klabautermann über das Schiff? Oder ein Geist? Vorsichtig schwingt Mark die Beine aus der Hängematte. Fahles Mondlicht fällt durch eine Luke, gerade genug, dass er seinen Weg zwischen den Schläfern hindurch erkennt. Leise klettert Mark die Leiter hoch. An Deck heult der Wind, das Rauschen

der Wellen übertönt alle anderen Geräusche. Fast alle. Das Poltern hört Mark trotzdem. Kommt es aus der Kombüse? Langsam drückt er die Tür auf. Hier hat Smutje Benno seine Hängematte aufgespannt, um die Vorräte zu bewachen. Mark sieht sich um. Nein, hier poltert nichts. Die letzten Reste des Feuers glimmen in der Kochstelle und malen tanzende Schatten an die Wände. Darüber schwingt der Kessel an seiner Kette, die Küchengeräte klappern und Benno schnarcht. Nichts Ungewöhnliches.

Gerade will Mark wieder an Deck schlüpfen, da knallt es. Benno dreht sich um und murmelt etwas. Das kam aus der Vorratskammer hinter der Kombüse! Auf Zehenspitzen schiebt Mark sich an Bennos Hängematte vorbei. In der Vorratskammer ist es stockdunkel. Es poltert wieder. Mark bleibt stocksteif stehen. Was macht er hier eigentlich? Was, wenn er den Klabautermann bei einem Imbiss stört? Er schiebt sich zurück zur Tür. Am Boden rumpelt es, dann rammt etwas sein Bein. Etwas Hartes erst, dann bewegt sich etwas Weiches an seinem Fuß. Mark möchte schreien, aber es fühlt sich an, als würde ihm jemand den Hals zudrücken. Kein Ton kommt aus seinem Mund. Schnüffelnde Geräusche dringen aus der Dunkelheit, dann ein Schmatzen. An seinem Fuß wird es feucht. Mark wimmert. Das kann nur ein schreckliches Monster sein! Bestimmt schnappt es gleich nach seinen Zehen.

Da fällt ihm die Klappe ein, irgendwo rechts neben ihm in der Wand. Er streckt die Hand aus. Das Regal. Daneben das Wasserfass. Und darüber … Mark ertastet den Riegel, öffnet ihn mit zitternden Fingern. Endlich geht die Klappe auf, Mondlicht fällt in die Kammer. Mark erkennt die gefüllten Regale. Und das Monster auf dem Boden. Es sieht aus wie ein großer Stein. Auf einer Seite schiebt sich ein runder Kopf heraus und beschnuppert Marks Hose.

Vor Erleichterung werden ihm die Knie ganz weich. Er hockt sich hin und kichert leise, als der Kopf des Monsters sich seiner Nase nähert. Das Monster ist gar keins. Es ist die große Meeresschildkröte, die die Männer heute Mittag mit viel Ächzen und Stöhnen an Bord gehievt haben, nachdem Benno sie am Strand einer Insel entdeckt und auf den Rücken gedreht hatte, damit sie nicht flüchten konnte.

„Endlich wieder frisches Fleisch!", hatten alle gejubelt.

Auch Mark läuft das Wasser im Mund zusammen, wenn er an frisches Fleisch denkt. Von Trockenfleisch und altem Zwieback hat er wirklich genug.

Aber die Schildkröte guckt so freundlich und stupst ihn an.

„Du möchtest wohl nicht im Kochtopf landen", sagt Mark. „Aber wie kriege ich dich hier raus?"

Er sieht sich um. Die Männer haben die Schildkröte zu sechst hereingeschleppt, allein schafft er das nie.

Da in der Ecke stehen sein Eimer und das Putzzeug, mit dem er täglich das Deck schrubbt. Warum soll er nicht jetzt schon mal damit anfangen? Mit besonders viel Seife.

Er huscht hinaus, lässt den Eimer am Seil über die Reling hinunter und zieht ihn voll wieder hoch. Dann schrubbt er eine breite, seifige Spur von der Reling zur Kombüse, unter Bennos Hängematte hindurch, bis in die Vorratskammer. Er krabbelt hinter das riesige Tier und schiebt.

Nichts passiert. „Na, los, beweg dich!", zischt Mark. Die Schildkröte scheint zu verstehen. Sie drückt sich mit ihren Flossen vor, erst im Schneckentempo. Mark atmet auf.

Auf der Seife flutscht die Schildkröte dann wie eine verrückt gewordene Kanonenkugel. Sie ist auch ähnlich schwer zu lenken. In letzter Sekunde kann Mark einen Zusammenstoß mit dem Wasserfass verhindern. Ganz leise rutschen sie unter Bennos Hängematte hindurch. Jetzt keinen Fehler machen!

Die Schildkröte will offensichtlich schnell an die frische Luft,

sie schiebt wie wild mit den Flossen. Und schlittert vorwärts. Mitten hinein in einen Stapel Schüsseln. Das Scheppern und Klappern hallt durch die Nacht.

Benno schießt aus der Hängematte. Oh nein, ertappt! Mark wirft sich vor die Schildkröte, aber der Koch starrt zur anderen Seite. An die Wand. Dort, wo die Flämmchen der Feuerstelle einen tanzenden Schatten erscheinen lassen. Ein großes, buckliges Wesen – mit zwei Köpfen. Wer genau hinsieht, erkennt, dass es ein Schildkrötenkopf und ein menschlicher sind. Benno schaut nicht genau. Er schnappt nach Luft, taumelt zurück, stolpert über die Schildkröte und kracht zu Boden.

Mark hat die Augen fest zugekniffen. Als nichts passiert, blinzelt er vorsichtig.

Benno liegt mit geschlossenen Augen neben ihm und schnarcht. An seiner Stirn sitzt eine dicke Beule. Er grunzt im Schlaf und rollt sich auf die andere Seite, näher ans Feuer. Glück gehabt, er scheint sich bei seinem Sturz nicht schlimm verletzt zu haben. Langsam schiebt Mark die Schildkröte weiter, über die Schwelle der Kombüse bis zur Reling.

Ein Stück weiter ist eine Luke. Mark öffnet sie. „Mach's gut. Und lass dich nicht noch mal fangen!"

Nach einem kräftigen Schubs rutscht die Schildkröte von Bord und platscht ins Wasser.

Warum werden sie mitten in der Nacht geweckt? Mark bekommt kaum die Augen auf. Aber es ist schon hell, ganz eindeutig. Hinter den anderen klettert er an Deck. Vor der Kombüse scharen sich alle um Benno.

„Die Schildkröte?", hört Mark ihn erzählen. „Die hat sich heute Nacht der Klabautermann geholt. Er hatte zwei Köpfe! Und seht, was er mit mir gemacht hat!" Empört deutet der Koch auf seine Beule.

Mark unterdrückt ein Grinsen. So sehr wie heute hat er sich noch nie auf seinen trockenen Frühstückszwieback gefreut.

Was gab es an Bord zu essen?

Wie alle Seeleute zu der Zeit, hatten die Piraten ein großes Problem: Die meisten Nahrungsmittel waren nicht lang genug haltbar, um sie mit auf eine Seereise zu nehmen. Fleisch, Obst und Gemüse verfaulten nach kurzer Zeit, das Wasser in den Holzfässern verdarb. So bestand die Hauptnahrung der Mannschaft aus Trockenfleisch und Schiffszwieback, wobei dieser auch oft von Maden befallen oder von Ratten angeknabbert war. Statt des fauligen Wassers tranken die Piraten lieber Alkohol.

Wenn es die Gelegenheit gab, wurden lebendige Hühner oder Schildkröten mit an Bord genommen, die man erst schlachtete, wenn die Piraten sie essen wollten.

Eine ungeheuerliche Begegnung

„Ich weiß nicht, ob es eine gute Idee ist, zwischen den Teufelsinseln durchzusegeln." Steuermann Arne wiegt den Kopf hin und her.

Käpt'n Goldzahn lacht. „Glaubst du etwa an diese Seeungeheuer-Geschichten?"

„Immerhin hab ich mit eigenen Augen gesehen, wie Kanonenkugel-Kalle und seine Leute mit dem wackligen Floß in den Hafen gedümpelt sind wie nasse Ratten", sagt Arne.

„Ha! Denen haben die Holzwürmer die Planken unterm Hintern weggefressen! Oder sie sind gegen einen Felsen geschippert und waren zu stolz, das zuzugeben. Genau wie alle anderen vorher. Uns wird das nicht passieren, wir haben ja den besten Steuermann der Welt!" Goldzahn schlägt Arne krachend auf die Schulter. „Setzt die Segel!"

Arne steuert die *Flinke Flunder* auf die Teufelsinseln zu. In seinem Bauch grummelt ein komisches Gefühl. Hoffentlich geht das gut! Aber Käpt'n Goldzahn hat ja recht: Seeungeheuer gibt es nicht!

Bald liegen die Teufelsinseln vor ihnen. Im Glanz der Abendsonne sehen sie völlig harmlos aus und Arne versucht, nicht an Seeungeheuer zu denken, als er die *Flinke Flunder* zwischen die Felsen lenkt.

Leichte Wellen kräuseln die Wasseroberfläche, als sie zwischen den Inseln hindurchgleiten. Noch vier, fünf Felsen, dann haben sie die engste Stelle passiert. Arne seufzt und schüttelt

nacheinander seine verschwitzten Hände aus, mit denen er das Steuerrad umklammert. Gleich ist es geschafft. Doch da! Ein dumpfer Schlag, der Schiffsrumpf bebt und knirscht. An Deck purzeln alle übereinander. Arne krallt sich am Steuer fest und versucht, den Kurs zu halten. Vergeblich. Die *Flinke Flunder* tanzt wie ein Stück Papier im Sturm. Ein Brüllen wie Donnergrollen. Wieder ein Schlag gegen das Schiff, neues Gebrüll, lauter als vorhin. Arne lässt das Steuer Steuer sein und kriecht an die Reling. Neben dem

Schiff ragt etwas aus dem Wasser. Es sieht aus wie ein riesiger Baumstamm. Nur bewegt sich dieser Baumstamm, und obendrauf sitzt ein breiter Kopf mit Hörnern und einem riesigen Maul, in dem spitze Zähne blitzen. Arne schluckt. Jetzt taucht vorm Bug noch ein Kopf auf! Und ein weiterer neben dem ersten Seeungeheuer. Wie viele von diesen Viechern gibt es hier denn?

„An die Waffen!", brüllt Käpt'n Goldzahn und hangelt sich neben Arne. Er schwenkt seinen Säbel gegen das Monster. „Verschwinde! Lass mein Schiff in Ruhe! Hau ab!"

Der Monsterkopf schnellt auf sie zu, blitzschnell haben die Zähne den Säbel gepackt, in winzige Stücke zermahlen und wieder ausgespuckt.

„*Ihr* sollt abhauen! Was wollt ihr hier?", brüllt das Seeungeheuer.

Arne klappt die Kinnlade runter. Das Ding spricht! Der Käpt'n starrt das Monster an und klappert mit den Zähnen. Das Untier scheint aber auf eine Antwort zu warten, also ruft Arne: „Wir wollen nur zwischen den Inseln durchfahren!"

Das Ungeheuer knurrt, sein langer Schwanz taucht auf und peitscht durch die Wellen. „Und warum fahrt ihr nicht einfach außen rum?"

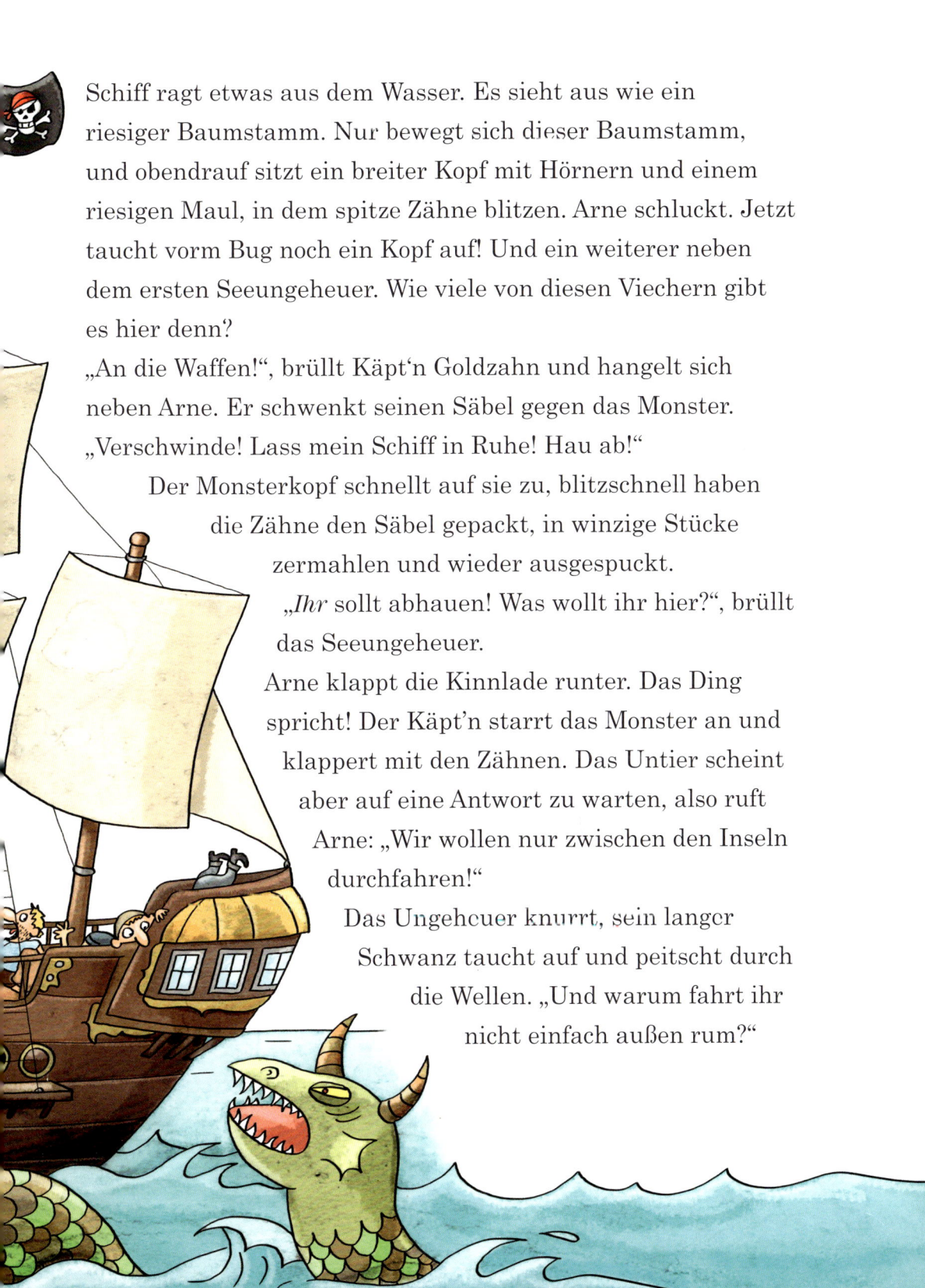

„Weil das ein Umweg ist." Ob die Antwort dem Monster gefallen wird? Wohl nicht, es legt den Kopf zurück und brüllt wieder. Inzwischen sind Jan und Leroy zu den Kanonen gekrabbelt und haben eine geladen.

„Feuer!", schreit Jan, es knallt und die Kugel schießt auf das Ungeheuer zu. Es fängt sie im Flug, knurrt und wirft sie zurück. Arne zieht den Kopf ein, als sie knapp über ihnen vorbeizischt und auf der anderen Seite des Schiffs ins Wasser klatscht.

„Wir wohnen hier!", brüllt das Seeungeheuer. „Wie würde es euch wohl gefallen, wenn ständig jemand quer durch euer Haus trampelt, nur, weil es eine Abkürzung ist? Eure Kinder über den Haufen rennt, in euer Essen tritt und ständig mit Waffen vor eurer Nase herumfuchtelt? Hä?"

Keiner der Piraten antwortet. Arne kann die Seeungeheuer ja verstehen, trotzdem möchte er jetzt auf keinen Fall von ihnen versenkt werden.

„Wenn wir dafür sorgen, dass keiner mehr hier durchsegelt, lasst ihr uns dann in Ruhe?", fragt Käpt'n Goldzahn.

Arne starrt ihn an. Wie will er das schaffen? Der Käpt'n guckt zu ihm und zuckt mit den Schultern. „Hauptsache, sie lassen das Schiff heil, egal, wie."

Das gefällt Arne überhaupt nicht. Lügen ist blöd – auch wenn das hier fiese Seeungeheuer sind. Er überlegt. „Ich hab's!", ruft er dann. Alle sehen ihn an, Ungeheuer und Piraten.

„Wenn wir wieder im Hafen sind, berichten wir von gefährlichen Unterwasserfelsen, die uns zwischen den

Inseln aufgefallen sind. Kanonenkugel-Kalle wird das sicher bezeugen. Und wenn diese Felsen in den Seekarten eingezeichnet sind, fährt hier keiner mehr durch." Erwartungsvoll schaut er in die Runde. Käpt'n Goldzahn nickt. „Das müsste klappen."

Die drei Seeungeheuer stecken die Köpfe zusammen. Schließlich schwimmt das größte wieder zum Schiff. „Wir vertrauen euch. Wir vertrauen eurem Plan. Wir haben keine Wahl. Wenn wir euer Schiff zerstören, kommt übermorgen das nächste. Also lassen wir euch gehen."

Die Ungeheuer schwimmen hinter die *Flinke Flunder* und schieben sie aufs offene Meer.

„Danke für eure Hilfe", knurrt ein Ungeheuer. „Aber trotzdem müsst ihr uns nie wieder besuchen!"

Das Wasser brodelt und spritzt, die Ungeheuer sind abgetaucht.

Arnes Hände zittern so, dass er kaum das Steuer halten kann. Auch Käpt'n Goldzahn ist ziemlich blass um die Nase. Dann gibt er sich einen Ruck.

„Los, Arne, Kurs ändern! Wir müssen in den nächsten Hafen, die Geschichte von den gefährlichen Felsen verbreiten. Wir haben ein Piratenversprechen zu erfüllen!"

Welche Waffen verwendeten Piraten?

Die Piraten benutzten unterschiedliche Waffen. Weil sie die Waffen, die bei Überfällen erbeutet wurden, untereinander verteilten, kamen auch immer neue dazu.

Da sie oft Mann gegen Mann an Deck von Schiffen kämpften, waren solche Waffen beliebt, die man gut auf engem Raum einsetzen konnte, wie Entermesser, Dolch oder Säbel. Aber auch Pistolen, Schwerter und Musketen wurden benutzt, außerdem waren viele Piratenschiffe mit Kanonen ausgerüstet.

Mit Enterhaken zogen die Piraten andere Schiffe heran und erstürmten sie dann.

Der verschwundene Schatz

„Was sollen wir denn hier?", murrt Engelbert. „Gibt es hier etwa was zu essen?"

„Das auch", sagt Kapitän Kuno und wirft ihm eine Kokosnuss zu. „Aber vor allem gibt es hier einen Schatz."

„Einen Schatz?" – „Mit Gold und Edelsteinen?" – „Woher weißt du das denn?" Die Piraten rufen alle durcheinander.

Kapitän Kuno baut sich vor ihnen auf. „Na, weil ich ihn eigenhändig vergraben habe, natürlich!", sagt er. „Und ja, es gibt Gold und Edelsteine. Massig!"

„Wann war denn das?", will Engelbert wissen. Er sieht sich um. „Denn hier bin ich noch nie gewesen, glaub ich."

Kapitän Kuno schnauft. „Lange bevor wir uns kennenlernten. Damals war ich noch jung und erfolgreich. Da hatte ich keine halb verhungerte Mannschaft."

„Und du meinst, der ist noch hier? Weißt du überhaupt noch, wo du ihn vergraben hast?"

„Natürlich erinnere ich mich! Als wäre es gestern gewesen!", ruft Kapitän Kuno empört. „Und die Insel ist unbewohnt, wer soll das Zeug denn gefunden haben?"

„Ähm, Käpt'n, ich glaube, die Zeiten haben sich geändert …" Helge deutet über die Palmen hinweg, wo Rauch in den Himmel steigt. Jetzt hört Kuno auch Geräusche: Gelächter, Rufe und das Meckern von Ziegen.

„Unbewohnt ist die Insel nicht mehr", sagt Engelbert.

„Vielleicht ist der Schatz auch weg."

„Unfug!", schreit Kapitän Kuno. „Der ist perfekt versteckt!"

„Was ist versteckt?"

Die Piraten wirbeln herum. Hinter ihnen steht ein Junge, in der Hand einen Strick, an dem er eine Ziege führt. Hinter ihm schnuppern noch acht weitere Tiere durch das trockene Strandgras.

„Das können wir leider nicht verraten", sagt Kapitän Kuno. „Männer, folgt mir! Und du kümmerst dich am besten einfach um deine Ziegen."

Kuno marschiert los. Seine Männer folgen ihm. Der Junge mit den Ziegen schaut ihnen nach, dann trottet er auch hinterher. An einem Felsen, der wie ein Vogel geformt ist, stoppt der Kapitän. „Hier war es. Männer! Graben!"

Das lassen sich Helge, Engelbert und die anderen Piraten nicht zweimal sagen. Mit Schaufeln, Händen und Kokosnussschalen buddeln sie los. Tiefer und tiefer. Bis sie kaum noch über den Rand des Lochs gucken können.

„Noch tiefer, Käpt'n? Dann kommen wir in Australien wieder raus", ruft Helge.

Kapitän Kuno schüttelt den Kopf. „Nein, so weit unten war es nicht." Er kratzt sich an der Nase. „Vielleicht habe ich mich doch ein bisschen vertan und es war weiter drüben? Nicht hier, sondern mehr dort, neben den Palmen?"

Die Männer klettern aus dem Loch und graben an der neuen Stelle weiter. Aber auch hier haben sie keinen Erfolg.

Kapitän Kuno schmeißt seinen Hut auf den Boden und rauft sich die Haare. „Ich bin mir ganz sicher, dass es hier war! Wo ist mein Schatz?"

Der Junge, der ein Stück entfernt seine Ziegen geweidet hat, kommt näher. „Was suchst du denn?"

„Sag – ich – nicht!", brüllt Kapitän Kuno. „Das ist streng geheim!"

„Na gut, dann sag es nicht. Aber vielleicht kann ich dir helfen."
Kuno starrt den Jungen an. „Du? Helfen? Wie denn das?"
„Probier es einfach aus."
Kuno schüttelt den Kopf. „Nein. Männer, zurück zum Boot. Wir fahren!"
„Und der Schatz? Was ist mit dem Schatz?", fragt Engelbert.
„Wir brauchen den Schatz doch, um Essen zu kaufen!", jammert Helge. „Sonst müssen wir verhungern!"
Der Junge zupft Kapitän Kuno am Ärmel. „War das, was du suchst, in zwei alten Holzkisten?"
Kuno wirbelt herum. „Woher weißt du das?"
„Na, weil wir die Kisten vor drei Jahren gefunden haben. Beim Spielen. Die waren nicht sehr gut vergraben."
Kuno wird rot. „Was habt ihr damit gemacht?"
Der Junge hebt die Hände. „Na, was wohl? Was würdest du mit einem Schatz machen, den du findest? Wir haben alles ausgegeben."
„Das ist … das ist … das kann nicht sein! Wir greifen das Dorf an! Die müssen mir meinen Schatz zurückgeben!", ruft Kuno.
Der Junge hält ihn fest. „Es ist alles weg. Aber du willst doch gar nicht das Gold, oder? Ihr braucht doch Essen?"
Die Piraten nicken.
„Gut. Wartet hier." Der Junge treibt die Ziegen ins Gebüsch.
„Der will uns nur reinlegen", knurrt Kapitän Kuno.
„Ich glaube ihm", sagt Engelbert.
„Ich auch", stimmt Helge zu.

Tatsächlich kehrt der Junge nach einer Weile zurück. „Kommt mit. Der Tisch ist gedeckt."

„Welcher Tisch?", staunt Kapitän Kuno. Und noch viel mehr wundert er sich, als er im Dorf die lange Tafel sieht, die sich unter allerlei Köstlichkeiten biegt. „Wo kommt das alles her?"

„Dank deines Schatzes haben wir viele Tiere und können Obst und Gemüse anbauen. Davon wollen wir dir etwas zurückgeben", sagt eine Frau.

Die Piraten setzen sich mit den Dorfbewohnern an den Tisch. Sie essen, bis ihre Gürtel spannen, trinken, bis ihre Bäuche gluckern, und singen und tanzen mit den Dorfbewohnern bis tief in die Nacht.

„Danke", sagt Kapitän Kuno zum Abschied.

„Nein, wir müssen dir danken!", rufen die Dorfbewohner.

„Nein, wir euch!", beharren die Piraten.

„Wisst ihr was? Kommt doch einfach wieder her, wenn ihr hungrig seid. Wir eröffnen ein Restaurant für hungrige Piraten – und ihr dürft immer umsonst dort essen", erklären die Dorfbewohner.

Versteckten die Piraten Schätze?

Die wenigsten Piraten hatten das Glück, einmal einen richtig großen Schatz zu erbeuten. Meist überfielen sie Handelsschiffe, die Waren an Bord hatten, und die wurden bei nächster Gelegenheit verkauft. Wenn Gold oder Edelsteine zur Beute gehörten, wurden sie, wie alles andere auch, in der Mannschaft aufgeteilt. Die meisten Piraten verkauften schon beim nächsten Landgang, was sich zu Geld machen ließ, und gaben das dann gleich wieder aus, für Alkohol, Glücksspiel oder andere Dinge. Auch der Kapitän verbrauchte den größten Teil seiner Beute schnell, weil er neuen Proviant oder Reparaturen am Schiff bezahlen musste.

Maja am Ruder

„Alle Mann und Frau an Deck! Bereit machen zum Entern!", brüllt Maja im Nachbargarten. Samuel weiß, dass sie in ihrem großen Holzschiff steht, den Säbel gezückt. Er würde gerne mitspielen, wie sonst auch immer, aber heute hat er Besuch von Tom und der spielt nicht mit Mädchen. Auch nicht, wenn sie die coolste Piratenausrüstung weit und breit haben. Also haben sie einen alten Umzugskarton als Boot in den Garten geschleppt, sich Kopftücher von Mama umgebunden, und eine leere Küchenpapierrolle ist das Fernglas.

„Ich wünschte, wir hätten ein richtiges Schiff!" Tom versetzt der Kiste einen Tritt. Samuel zuckt mit den Schultern. Er rudert mit einem Federballschläger, während Tom den Horizont nach anderen Schiffen absucht. Plötzlich raschelt es in der Hecke. „Attacke! Alle an die Geschütze!", schreit Tom und zielt mit dem Besenstiel auf die Sträucher. Es raschelt wieder, zum Vorschein kommt ein schwarzer, dreieckiger Hut. Dann ein Kopf mit strubbeligen Haaren, blauen Augen, einem lachenden Mund und vielen lustigen Sommersprossen.

„Hallo!" Maja winkt und kümmert sich nicht darum, dass Käpt'n Tom die Kanone auf sie gerichtet hat. „Habt ihr Lust auf eine Bootstour?"

Samuel lächelt. „Ja! Immer."

„In deinem Spielzeugkahn etwa?", will Tom wissen.

„Quatsch mit Soße!" Maja schüttelt den Kopf. „Mein Bruder arbeitet beim Bootsverleih im Park." Sie zuckt mit den Schultern. „Aber wenn ihr lieber in der Pappschachtel über die Weltmeere schippert, bitte sehr." Sie dreht sich um.

„Ich komme mit!" Samuel lässt sein Schlägerruder fallen.

„Was ist mit dir, Tom?"

Langsamer als eine Schnecke steigt Tom aus dem Karton.
„Wenn's sein muss. Gibt es da wenigstens ein Segelschiff?"
„Natürlich nicht. Du warst doch schon im Park, oder?" Maja grinst ihn an. „Es gibt nur Tret- und Ruderboote."
„Das ist ja nicht so richtig piratig", mault Tom. Er kickt einen Stein quer über die Straße.
„Stimmt. Lang nicht so piratig wie eine Pappkiste mit Besenstiel-Kanone", kichert Maja und lässt ihren Säbel an einem Gartenzaun entlangrattern.
Tom stapft langsam hinterher.
Samuel weiß nicht, neben wem er laufen soll. Wenn er mit Maja geht, ist Tom sauer. Und wenn er bei Tom bleibt, ist vielleicht Maja beleidigt? Er seufzt und läuft schließlich zwischen den beiden.
Am Eingang zum Park bleibt Maja stehen. „Wir müssen uns beeilen. Um fünf macht der Bootsverleih zu."
„Wie spät ist es jetzt?", fragt Samuel.
Tom hat eine Uhr. „Zwanzig vor fünf."

„Dann schnell!" Maja hüpft den Weg entlang, hinter dem Spielplatz biegt sie auf den Trampelpfad ab, der durch das Wäldchen zum See führt. Tom wird langsamer.
„Kommt schon!", ruft Maja.
Tom bleibt stehen. „Müssen wir das machen?"
„Was?", fragt Samuel und hält auch an.
„Naja …" Tom druckst herum. „Schiff fahren. Mit der da …"
„Ohne sie hätten wir kein Schiff! Außerdem kann man mit Maja prima Pirat spielen", sagt Samuel.
Tom schnaubt. „Mädchen können keine Piraten sein, die durften gar nicht an Bord!"
„Das hab ich gehört!", ruft Maja. „Und weißt du was? Das stimmt gar nicht. Es gab sehr wohl Piratinnen!"
„Aber nur ganz wenige", brummt Tom.
„Willst du jetzt streiten oder Boot fahren?" Samuel wird es zu blöd. Maja ist längst beim Steg angekommen. „Los, komm!"
Zögernd setzt Tom sich in Bewegung. Maja zerrt gerade etwas Langes in ein Ruderboot.
„Was ist das?" Samuel kneift die Augen zusammen.
Maja und ihr Bruder Mats richten das Ding auf. Es ist ein Mast! Ein Mast, an dem oben eine Piratenflagge im Wind flattert.
„Cool", sagt Tom.
„Einsteigen! Frauen und Kinder zuerst!" Maja hopst ins Boot. Samuel folgt, dann Tom. Zuletzt springt Mats hinein. Er macht das Boot los und nimmt die Ruder.
„Darf ich mal rudern?", fragt Tom.

Maja und Samuel wollen auch. Mats grinst.
„Von mir aus. Ich bin gerne faul. Aber passt auf, dass ihr nicht zu nah ans Ufer fahrt." Er lehnt sich zurück und schließt die Augen.
Tom kommt nicht zwischen den Pfeilern der Brücke durch. Samuel verliert fast ein Ruder.
„Gib mal her", sagt Maja. Mit wenigen Schlägen hat sie das Boot auf Kurs gebracht. „Ich bin jetzt der Steuermann!"
„Nö." Tom starrt sie an.
„Wieso? Willst du das etwa sein?", fragt Maja.
„Nö", sagt Tom wieder. „Du bist nicht der Steuermann, du bist der Kapitän. Du hast das Schiff besorgt, du hast die tollste Ausrüstung und du kannst am besten rudern. Hier." Er gibt ihr das Papprollen-Fernrohr.
Maja lacht. „Okay, wenn du meinst. Aber nächstes Mal wechseln wir uns ab."

Sie fahren auf dem See herum, bis Mats nach Hause will.
Auf dem Heimweg wird Tom immer langsamer. Samuel
verdreht die Augen. Den ganzen Nachmittag haben sie
zusammen gespielt, und jetzt kommt wieder diese „Mädchen,
nein danke!"-Nummer?
„Du, Samuel … Wenn ich das nächste Mal zu dir komme …
Vielleicht …", stottert Tom.
„Vielleicht was?"
„Können wir dann gleich mit Maja im Garten spielen? Ihr
Schiff ist besser als die Kiste."
Samuel nickt. Das Piratenschiff ist besser als ein Pappkarton.
Und zwei Freunde sind besser als einer.

Gab es auch Piratinnen?

Auf den meisten Piratenschiffen waren keine Frauen an Bord erlaubt. Trotzdem gab es auch berühmte Piratinnen, zum Beispiel Anne Bonny. Sie waren entweder schon früher als Männer verkleidet zur See gefahren und verfügten deshalb über genügend Erfahrung, oder ihr Mut und ihre Tapferkeit hatten einen Kapitän so sehr beeindruckt, dass er sie auf sein Schiff nahm. Gehörten sie zur Mannschaft, hatten die Piratinnen dieselben Rechte und Pflichte wie die Männer an Bord. Um nicht aufzufallen und weil es praktischer für sie war, trugen sie Männerkleider. Sie durften nicht zimperlich sein und mussten gut mit der Waffe umgehen können.

Alles hört auf mein Kommando!

„Schrubbt das Deck, ihr Galgenvögel! Schneller, schneller! Es muss glänzen!"
„Oh nein! Nicht schon wieder! Das haben wir doch gestern erst gemacht!", jammert Willi.
„Beschwer dich nicht. Sonst kommt er noch mal auf die Idee, die Segel zu waschen", flüstert Paul. „Das war eine elendige Schinderei!"
Willi taucht seinen Schrubber ins Wasser. „Sagt mal – wann habt ihr den Käpt'n zuletzt gesehen?"
„Keine Ahnung. Aber er ist ja nicht zu überhören. Bestimmt steht er mit dem Sprachrohr hinter der Tür seiner Kajüte", sagt Paul.
Willi kratzt sich am Kopf. „Das ist merkwürdig, oder? Ich glaube, zuletzt habe ich ihn vorgestern gesehen, als wir den Ausflug zu diesem tollen Strand gemacht haben."
Paul lässt den Putzlappen sinken. Ein glückliches Grinsen breitet sich auf seinem Gesicht aus. „Das war so klasse! Von mir aus könnte jeder Tag ein Strandtag sein – und nicht immer nur Putztag!" Das Lächeln verschwindet und er wirft einen

bösen Blick in Richtung Kapitänskabine. „Bestimmt hat er sich einen Sonnenbrand geholt und kommt deshalb nicht raus."
„Beeilung, ihr hirnlosen Sandkrabben! Wer rastet, rostet! Bewegung!"
„Wie merkt er es immer, wenn wir Pause machen?" Willi seufzt und schrubbt weiter. „Hoffentlich ist der Sonnenbrand bald wieder weg. Diese schlechte Laune hält kein Pirat auf Dauer aus."
„Kugelblitz und Donnerschlag!" Schimpfend sucht Steuermann Luggi sich einen Weg zwischen Eimern und Schrubbern hindurch. „Da blickt doch kein Mensch mehr durch!"
„Was ist los?", fragt Willi.
„Ach, der Käpt'n weiß nicht, was er will! Mal steuerbord, dann wieder backbord, und jetzt fahren wir seit Stunden im Kreis!"
„Sehr komisch …" Willi und Paul gucken sich an. „Hat er erklärt, warum er diesen Kurs gewählt hat?"
„Nicht direkt. Er hat gesagt, ich soll den Schnabel halten und alles hört auf sein Kommando."
„Vielleicht ist er krank? Das klingt nicht nach Sonnenbrand, sondern nach Sonnenstich", sagt Willi.
Paul nickt. „Jemand sollte nach ihm gucken."
„Dieser Jemand bin aber nicht ich", schnaubt Luggi. „Ich muss nämlich weiter das Schiff im Kreis lenken."
„Na gut. Ich mach's." Willi lässt den Schrubber fallen. Er klopft an die Kapitänskajüte. „Käpt'n?"
„Dreh ab! Du störst!" Der Käpt'n krächzt. Wahrscheinlich hat er Halsschmerzen. Bestimmt ist er richtig krank.

„Alles in Ordnung?", fragt Willi. „Brauchen Sie Hilfe?"
„Halt den Schnabel! Schrubb das Deck!", krächzt der Käpt'n.
Willi schüttelt den Kopf. Irgendetwas stimmt hier nicht. Ganz sicher braucht der Käpt'n Hilfe. Aber was soll er tun? Die Tür ist abgeschlossen.
„Fasst die Halunken! Greift an!", kreischt der Käpt'n, fast gleichzeitig schallt ein „Schiff voraus!" aus dem Ausguck.
Luggi schaut durchs Fernrohr. „Das ist ein Riesenschiff. Schwer bewaffnet. Sind Sie sicher, dass wir angreifen sollen?"
„Alles hört auf mein Kommando! Entern!", ruft der Käpt'n.
„Der stürzt uns alle ins Verderben", murmelt Luggi und nimmt Kurs auf das andere Schiff. Als Warnung feuern sie eine Kanonenkugel knapp vorm Bug ins Wasser, aber auf dem Schiff rührt sich nichts.
„Schnappt den Kahn!", kreischt der Käpt'n.
Luggi fährt neben das andere Schiff, die Enterhaken sausen durch die Luft. Dann krachen die Schiffe gegeneinander.
Paul springt mit gezücktem Messer auf die Reling. „Ergebt euch!", brüllt er. Und dann, ganz leise: „Oh!".

An Deck sitzen zehn Seeleute und spielen Karten. Bei Pauls Schrei blicken sie auf.
„Willkommen an Bord", sagt der eine.
„Schön, dass ihr da seid. Wurde ja auch Zeit", meint der nächste. „Wollt ihr das Schiff?"
Die Piraten sehen sich an. So sind sie noch nie begrüßt worden.
„Was ist denn mit euch los?", fragt Willi.
„Wir sind auch Piraten und haben dieses Schiff vor zwei Wochen erbeutet", erklärt einer der Männer. „Aber unsere Mannschaft ist viel zu klein für den großen Kahn."
„Seit Tagen warten wir darauf, dass uns endlich jemand entert und Schiffe mit uns tauscht", sagt ein anderer.
„Der Käpt'n hat gesagt, wir sollen uns das Schiff holen. Also … abgemacht, wir tauschen. Los, Männer, jeder holt seinen Kram! Wir ziehen um!"
Alle schleppen ihre Habseligkeiten auf das große Schiff.
„Wir dürfen den Käpt'n nicht vergessen!", ruft Willi.

„Ich hole ihn aus der Kajüte", knurrt Luggi. Er wirft sich gegen die Tür, bis sie krachend auffliegt. Er betritt die Kabine, und dann schreit er: „Kommt schnell her!"
Alle stürzen zur Kabinentür. Auf Luggis Schulter hockt Hektor, der Papagei des Kapitäns. „Der Käpt'n ist nicht hier!"
„Ihr hirnlosen Sandkrabben", schnarrt Hektor.
„Auweia! Ich glaube, das bedeutet, wir haben den Käpt'n vorgestern am Strand vergessen! Und seitdem auf Hektors Kommando gehört …"
So schnell sie können, setzen die Piraten auf ihrem neuen Schiff die Segel und Luggi steuert den Strand an.
Der Käpt'n wartet schon. „Wieso hat das so lange gedauert? Habt ihr nicht gemerkt, dass ich fehle?"
Willi berichtet von Hektors Kommandos. Als der Käpt'n das hört und das schöne neue Schiff sieht, lacht er und spendiert der Mannschaft zwei freie Strandtage. „Aber nur, wenn ihr mich diesmal nicht vergesst!"

Wie bekamen Piraten ihr Schiff?

Jede Piratenmannschaft brauchte ein Schiff. Die wenigsten hatten das nötige Geld, um eins zu bezahlen, also stahlen sie sich eins. Kaperten sie später ein Schiff, das größer oder besser bewaffnet war als ihres, übernahmen sie dieses. Ein Piratenschiff musste schnell und gut zu lenken sein. So konnten die Piraten andere Schiffe leicht einholen und entern oder vor Verfolgern flüchten. Außerdem musste an Bord ausreichend Platz sein für die Mannschaft und ihre Vorräte. Die meisten Piratenschiffe waren Segelschiffe mit ein oder zwei Masten, nur wenige Piraten segelten auf großen Dreimastern.

Was für ein Zirkus!

„Was ist das denn?"
Dem grausamen Cornelius fällt fast der Säbel aus der Hand. Er hat in seinem Leben als Pirat ja schon viel Schreckliches gesehen, aber so etwas nicht. Auch seine Männer starren fassungslos auf das Deck des gerade geenterten Schiffs.
„Beim rotäugigen Klabauter, was sind das für Geschöpfe?"
Vorsichtig klettert Cornelius über die Reling. Die Mannschaft des Schiffs drängt sich verängstigt und anscheinend unbewaffnet um den Hauptmast. Aber zwischen ihnen und den Piraten stehen die seltsamsten Wesen, die Cornelius jemals gesehen hat.
„Greift sie euch!" Cornelius deutet auf die Besatzung des Schiffes. Seine Piraten stürmen vorwärts. Weit kommen sie nicht.
Ein großes, dickes, graues Tier spritzt mit seiner langen Nase, die bis zum Boden reicht, Wasser mitten in Sams Gesicht. Ein weißes Tier mit schwarzen Streifen wirbelt herum, präsentiert den Piraten sein Hinterteil und schlägt aus, als Locken-Leo direkt hinter ihm ist. Er segelt in hohem Bogen über Bord.
Cornelius hebt seinen Säbel und will loslaufen.

Aber er kann die Beine nicht bewegen! Jemand hat ihn gefesselt, heimlich seine Füße zusammengeschnürt. Der Länge nach kracht er aufs Deck. „Wer war das? Wer wagt es?" Er kocht vor Wut. Mit einem Säbelhieb will er die Fesseln durchtrennen, die Waffe zischt durch die Luft, im letzten Moment reißt er den Säbel zur Seite, die Spitze bohrt sich ins Holz. Und der grausame Cornelius schreit: „Uaaaah! Befreit mich! Macht die Riesenschlange weg!"

Fünf Piraten sind nötig, um ihren Kapitän aus der Schlange zu wickeln. Cornelius schimpft und flucht. Auf was für einem Schiff sind sie hier nur gelandet? Frisch befreit, will er sich in den Kampf stürzen. Da bohrt sich direkt vor seinen Zehenspitzen ein Messer ins Holz. Cornelius bremst scharf. Was ist das nun wieder? Ein Messer zischt links an ihm vorbei, ein anderes rechts, es streift seinen Ärmel, bevor es im Holz der Brücke steckenbleibt. Cornelius erstarrt. Was, zum Klabauter, ist hier eigentlich los?

Sam verfolgt ein Wesen in einem bunten Rock, das in die Takelage klettert und dort geschmeidig von Tau zu Tau springt. Marty beobachtet, wie ein dünnes Männchen übers Deck wirbelt und abwechselnd auf Händen und Füßen steht. Zwei andere Männer jonglieren mit Bälle und Pistolen. Die Messer,

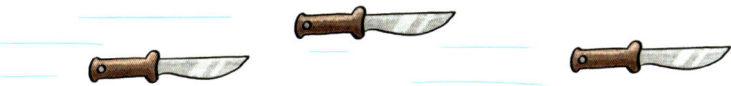

die hinter Cornelius im Holz stecken, zeigen perfekt seinen Umriss. Cornelius sieht sich die Sache genauer an. Jemand tippt ihn von hinten an. Cornelius wirbelt herum. Ein Wesen mit weißem Gesicht, großem roten Mund, roter Nase und einem Hütchen auf dem Kopf schnappt sich seinen Säbel. „He!", Cornelius springt nach seiner Waffe, aber der andere ist schneller und rennt kichernd und säbelschwenkend über Deck. Cornelius setzt hinterher.

Das graue Tier wirft die lange Nase nach oben und trompetet ohrenbetäubend laut. Marty hat sich den wirbelnden Mann geschnappt und versucht, ihn festzuhalten. Cornelius springt vor, greift nach dem Hemdzipfel des Säbeldiebs und zieht daran. Der Mann fällt hin und Cornelius reißt den Säbel an sich.

„Schluss jetzt mit dem Zirkus!", schreit er. „Falls ihr es noch nicht gemerkt habt – wir sind Piraten und haben euer Schiff geentert! Wenn ihr Schätze an Bord habt, rückt sie raus! Wer sich uns anschließen und mit uns kämpfen mag, soll das tun. Der Rest geht über die Planke!" Stille an Deck. Der wirbelnde Mann befreit sich aus Martys Griff und kommt auf Cornelius zu. „Du hast doch schon bemerkt, dass wir ein Zirkus sind. Was willst du dann von uns?"

„Ihr seid – was?" Cornelius starrt ihn an.
„Ein Zirkus. Reisende Künstler, Akrobaten, Schausteller. Hier an Bord sind wir und unsere Tiere, sonst nichts. Schmeißt von mir aus uns alle samt Elefant, Zebra und den anderen Tieren über Bord, zu holen gibt es nichts. Und Piraten werden wir alle nicht, denn wir wollen zu unserer nächsten Vorstellung."
Cornelius schüttelt den Kopf. Ob es so etwas wirklich gibt?

Andererseits – so ein seltsames Schiff hat er auch noch nie geentert. „Nun gut. Wir lassen euch ziehen. Unter einer Bedingung."
Der Mann sieht ihn ängstlich an. „Und die wäre?"
„Ihr gebt erst eine Vorstellung für uns."
Der Mann lacht. „Das lässt sich einrichten."
Alle Piraten nehmen an Deck Platz und beobachten den Auftritt von Zauberer und Clown, Seiltänzerin und Jongleur, Messerwerfer, Elefant, Kamel, Schlange und Zebra.
„Groß Beute gemacht haben wir heute ja nicht", sagt Marty, als sie später wieder auf ihrem Schiff sind.
Cornelius zuckt mit den Schultern. „Kann sein. Dafür haben wir uns bestens amüsiert. Hoffentlich entern wir mal wieder ein Zirkusschiff."
„Dann bestellen wir aber gleich eine Vorführung, bevor wir gegen Zebras und Elefanten kämpfen", ruft Locken-Leo.

Was taten die Piraten mit gekaperten Schiffen?

Nach einem Überfall nahmen die Piraten die Beute mit auf ihr Schiff. Was mit dem angegriffenen Schiff geschah, war unterschiedlich. Manchmal übernahmen die Piraten es, weil es besser war als ihr Schiff. Teilweise zerstörten und versenkten sie es, oder die gegnerische Mannschaft durfte es behalten.

Viele der Gegner wurden im Kampf verwundet oder getötet. Wer übrig blieb, konnte sich den Piraten anschließen – oder wurde manchmal auch dazu gezwungen. Besiegte Gegner wurden entweder als normale Mannschaftsmitglieder aufgenommen oder mussten als Diener arbeiten.

Noch mehr Vorlesespaß mit spannenden Sachinformationen:

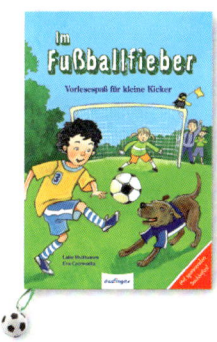

L. Holthausen/E. Czerwenka
Im Fußballfieber
ISBN 978-3-480-22763-1

Für Jungs ist Fußball das Größte! In diesem Buch finden kleine Torjäger 9 Vorlesegeschichten rund ums runde Leder und zu jeder Geschichte spannende Sachinfos.

M. Perner/S. Reich
Ritter-Geschichten
ISBN 978-3-480-23066-2

9 Geschichten rund um das Leben auf der Ritterburg versprechen jede Menge Vorlesespaß. Und was ein Knappe so tat und wie man eigentlich Ritter wurde, verraten die Sachinfos!

L. Holthausen/P. Eisenbarth
Wikinger-Geschichten
ISBN 978-3-480-23081-5

Die Welt der Wikinger ist wild und aufregend! Neben 9 tollen Vorlesegeschichten verraten die Sachinfos am Ende jeder Geschichte, wie die Wikinger wirklich lebten.

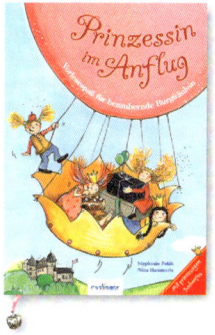

S. Polák/N. Hammerle
Prinzessin im Anflug
ISBN 978-3-480-22998-7

9 prächtig-prinzessige Vorlesegeschichten für alle bezaubernden Burgfräulein! Und faszinierende Sachinfos vermitteln Einblicke in die Welt der Königstöchter damals und heute.